KB088839

즐거운 학교 생활을 위한 **1**학년

체험동화

발표력

즐거운 학교 생활을 위한

1학년 책임동화 발표력

2011년 2월 10일 초판 1쇄 펴냄
2012년 5월 25일 초판 2쇄 펴냄

펴낸곳 | ㈜ 꿈소담이
펴낸이 | 김숙희
글 | 심후섭
그림 | 김정진

주소 | 136-023 서울특별시 성북구 성북동 1가 115-24 4층
전화 | 747-8970 / 742-8902(편집) / 741-8971(영업)
팩스 | 762-8567
등록번호 | 제6-473(2002. 9. 3)

홈페이지 | www.dreamsodam.co.kr
전자우편 | isodam@dreamsodam.co.kr

ⓒ 심후섭, 2011
ISBN 978-89-5689-727-1 74810
       978-89-5689-725-7 74810 (세트)

● 책 가격은 뒤표지에 있습니다.
● 꿈소담이의 좋은 책들은 어린이와 세상을 잇는 든든한 다리입니다.

즐거운 학교 생활을 위한 **1학년 체험동화**

발표력

글 심후섭 | 그림 김정진

소담 주니어

말이 곧 사람이다

'말이 곧 사람' 이라고 합니다.

무슨 뜻일까요?

사람은 말을 하면서 살아갑니다.

말을 해야만 나의 생각을 상대방에게 알릴 수 있고, 내가 바라는 바를 얻을 수 있습니다. 말을 제대로 하지 못하면 내가 원하는 것을 얻어내기에 힘이 듭니다.

친구가 하는 말을 들어 보면 무슨 생각을 하고 있는지, 무슨 책을 읽었는지, 또 어디에서 무슨 일을 하였는지 짐작할 수 있습니다. 말을 통해 그 사람을 알 수 있습니다.

발표력은 말을 하는 힘입니다. 말하기 공부는 나중에 어른이 되어서 큰일을 할 때에 매우 요긴하게 쓰입니다. 그래서 말하기 공부는 매우 중요합니다.

초등학교에 입학하고 나서 처음으로 만나는 친구들에게 자기소개를 하는 것도, 수업 시간에 선생님의 지목을 받아 문제의 답을 말해 보는 것도 모두 발표이자, 말하기입니다.

발표를 할 때에는 듣는 사람의 입장을 생각해서 먼저 무엇을 말할 것인지 정한 다음, 순서를 세워서, 분명하되 상냥한 목소리로 또렷하게 해야 합니다.

이 책은 발표력 키우는 것을 도와주기 위해 씌어졌습니다. 부모님과 함께 소리 내어 읽으면 말하기 공부에도 도움이 되리라 생각합니다.

어린이 여러분, 바르게 말하는 법을 익혀 모두 훌륭하게 자라나기를 바랍니다.

할머니, 오래 살아야 해

"자, 우리 보혜. 세 밤만 더 자면 학교 간다."

할머니가 손가락 셋을 펴 보이셨어요.

"싫어."

"왜?"

"할매(할머니)하고 살고 싶다."

"또? 학교에 가서 많이 배워야제(배워야지)."

"그럼 할매도 우리 집에 갈래?"

"물론이제(물론이지). 그런데 할매는 한 달에 한 번씩 가마."

"싫어. 서울에 가서 나랑 쭈욱(계속) 같이 살아."

"나는 여기서 농사지어 우리 보혜 좋아하는 감자랑 고구마랑 보내 주마."

보혜는 마당을 내다보았어요.

멍멍이가 양지쪽에서 웅크린 채 방문을 바라

보고 있었어요.

'어머, 멍멍이도 내 이야기를 들었나 봐.'

보혜는 삶은 감자를 들고 마당으로 나갔어요.

"자, 이거 먹어. 서울 학교에 가더라도 자주 올게."

보혜는 멍멍이 머리를 쓰다듬어 주었어요.

멍멍이는 감자를 제대로 먹지 않았어요.

"자, 그러지 말고 먹어. 눈물 닦아 줄게."

보혜는 소매로 멍멍이의 눈가를 닦아 주었어요.

"보오혜(보혜)야."

이때 동남이가 찾아왔어요.

"어서 와."

동남이는 이 마을에 하나밖에 없는 보혜 또래였어요.

보혜보다 한 살 더 적었어요.

동남이 어머니는 멀리 외국에서 시집을 왔어요.

"저엉말(정말) 가니?"

"그래, 학교에 갈 때가 되었거든."

"멀어?"

"응, 조금!"

"은제(언제) 또 와?"

"자주 올 거야. 설날 때, 추석 때……."

"또오?"

"할머니 생신 때, 할아버지 제사 때……."

"내 생일 때에도?"

"그럼, 동남이 생일 때도 와야지."

동남이 눈에는 눈물이 그렁그렁하였어요.

보혜 눈에도 눈물방울이 맺혔어요.

동남이는 애써 웃음을 지었어요.

뒷동산에서 '쌔앵' 바람 소리가 들려왔어요.

"으으!"

동남이가 춥다는 얼굴을 하였어요.

"곧 봄이 올 거야."

보혜가 중얼거렸어요.

"봄이 오면?"

"응, 봄이 오면 날씨가 따뜻해져."

"더운 거?"

"아니, 더운 것과는 달라. 그러니까 춥지도 않고 땀나지도 않지."

동남이는 어머니를 닮아서인지 얼굴이 약간 까맸어요.

대신 눈동자는 매우 반짝였어요.

"아, 나비가 나는 때? 나비는 옷 없지."

그제야 동남이는 봄이 무엇인지 생각났나 봅니다.

"그래! 봄에는 빨강 노랑꽃이 많이 피지. 나비도 빨갛고 노랗고……."

"응. 저기에도!"

동남이가 담장 밖을 가리켰어요.

거기에는 살구나무가 서 있었어요.

"그래, 그 나무에서 꽃이 피어나지."

"응. 나비도!"

"그래, 나비도 날아와서 꿀을 따고."

그런데 뒷산에서는 아직도 바람이 불고 있었어요.

이윽고 세 밤이 지나갔어요.

나무날(목요일)이 지나고 쇠날(금요일)도 지나고 흙날
(토요일)이 되었어요.

"보혜야."

아버지 어머니가 할머니 집으로 왔어요.

"어머니, 절 받으십시오."

"어머님, 그동안 우리 보혜 돌보시느라 고생 많으셨습
니다."

아버지 어머니가 할머니에게 절을 하셨어요.

"오냐."

할머니는 울상을 지으며 보혜를 돌아보셨어요.

"우리 보혜, 학교에 가서 많이 배우거라."

"……."

"친구도 많이 사귀고……. 보혜는 좋겠다."

그런데 보혜는 아무 말도 할 수 없었어요.

'할머니를 혼자 두고 가는데 뭐가 좋아!'

보혜는 입을 꾹 다물었어요.

밤이 되었어요.

보혜는 할머니 방으로 가서 할머니 손을 꼭 잡고 누웠어요. 잠이 잘 오지 않았어요.

"할매."

"왜? 자야지."

"할매, 오래 살아야 해."

"그럼, 네 시집가는 거 보고 죽을 테니 걱정 마."

보혜는 겨우 잠이 들었어요.

야아!
나도 1학년이다

날이 밝았어요.

해날(일요일)이 되었어요.

보혜는 서울에 있는 집으로 가는 내내 한 마디도 하지
않았어요.

자꾸만 할머니네 집 동네를 돌아보았어요.

멍멍이와 동남이가 자꾸만 달려오는 것 같았어요.

뒷동산과 앞 냇가도 따라오는 것 같았어요.

"자, 이제는 엄마가 우리 보혜와 같이 있으려고 집안
일만 하기로 했어."

"네 방도 새로 꾸몄단다."

아버지 어머니가 신이 나서 말했지만 하나도 들리지
않았어요.

보혜 방에는 새로 벽지가 발라져 있었어요.

아름다운 분홍색 꽃무늬였어요.

'싫지는 않은데……'

보혜는 책상 서랍도 열어 보고 옷장도

열어 보았어요.

'음, 아버지 어머니는 내 방을 마련하려고 그동안 같
이 일하러 다니셨구나.'

보혜는 마음이 좀 풀렸어요.

"보혜야, 저녁 먹자."

어머니가 부르셨어요.

그러자 다시 시무룩한 표정을 지었어요.

'할머니는 혼자서 저녁을 들고 계실 텐데. 더구나 어

두컴컴한 방에서…….'

보혜는 할머니를 떠올렸어요.

달날(월요일)이 되었어요.

보혜가 초등학교에 들어가는 날입니다.

날씨는 아직도 쌀쌀하였어요.

"보혜야, 따뜻하게 입어야겠구나."

어머니는 보혜에게 옷을 여러 겹 입히셨어요.

"제대로 못 걷겠어."

"괜찮아. 떠는 것보다는 나아."

"……."

보혜는 더 말하지 않았어요.

'내가 자꾸 싫다고 하면 어머니가 섭섭해하실 거야.'

보혜는 어머니와 함께 학교로 갔어요.

옷이 두꺼워 뒤뚱거렸지만 어머니 손을 잡고 학교로

갔어요.

보혜는 1학년 5반이 되었어요.

교장 선생님 말씀도 듣고 '동해물과 백두산이' 노래도 불렀어요. 학교 마당도 이곳저곳 둘러보았어요.

'겁도 나지만 재미도 있을 것 같은데…….'

보혜는 가슴이 설레었어요.

"자, 내일은 교실에 들어갈 거예요. 교실에서 자기 이름과 사는 곳을 말하겠어요. 오늘 집에 가서 연습을 많이 해 오세요."

"네에!"

아이들이 모두 큰 소리로 대답하였어요.

'할머니도 오셨으면 좋았을 텐데…….'

보혜는 할머니 생각을 하고 있다가 대답을 하지 못했어요.

이때, 보혜는 어머니와 눈이 마주쳤어요.

"네에."

그제야 기어들어가는 목소리로 대답하였어요.

아이들이 모두 보혜를 돌아보았어요.

보혜는 고개를 푹 숙였어요.

집으로 돌아오자 어머니가 말씀하셨어요.

"자, 따라해 봐. 저는 서보혜입니다. 학교 뒷마을에 삽니다. 아버지는 회사원이시고 어머니는 집안일을 하십니다."

"……."

보혜는 머뭇거렸어요.

"따라하래두!"

어머니가 짜증을 내십니다.

"여보, 너무 닦달하지 말구려."

아버지가 퇴근하여 집으로 돌아오셨어요.

보혜는 살짝 아버지를 건너다봅니다.

"그래, 우리 공주님. 오늘 입학식 잘 했어?"

"아이고, 그런데 말이에요. 얘가 먼 산을 보느라 선생님 말씀을 흘려들어요, 글쎄! 또 부끄럼도 많이 타서 대답을 제대로 하지 못해요."

"어허, 그럴 수도 있지 뭘 그래요?"

"그게 아니라니까요. 내일 자기소개를 해야 하는데 글쎄 멍하니 앉아 있더라니까요."

"어허, 거참 너무 심하게 하지 말아요. 자, 아버지와 해 볼까?"

"……."

그래도 보혜는 우물쭈물합니다.

"그래, 내일 여럿 앞에서 네 이름과 사는 곳, 좋아하는 것을 어떻게 말할래?"

보혜는 망설이다 말고 대답했어요.

"네, 제 이름은 서보혜입니다. 우리 집은 두 군데 있습니다. 우리 학교 근처에도 집이 있고, 멀리 떨어진 할머니집도 우리 집입니다. 그리고……."

"아이고, 우리 보혜가 자기소개를 아주 잘하는데 뭘? 그 정도면 아주 훌륭하다. 자, 박수!"

아버지는 손뼉을 크게 치셨어요.

보혜는 아버지의 칭찬에 웃음꽃이 피었어요.

'아참, 우리 가족 소개가 빠졌네. 내일은 아버지 어머

니 소개도 할 거야.'

보혜는 아버지, 어머니를 떠올렸어요.

나도 할 수 있다

학교에 가는 둘째 날이 밝았어요. 불날(화요일) 아침이 되었어요.

보혜는 혼자 갈 수 있을 것 같았어요.

"혼자 갈래."

"안 돼. 중간에 다른 길로 가면 큰일 나."

어머니가 따라오셨어요.

'엄마하고 같이 가는 것도 괜찮기는 하네.'

보혜는 교실에 들어갔어요.

아이들은 자리에 앉고 어머니들은 뒤에 서 계셨어요.

아이들이 실내화를 꺼내어 신었어요.

보혜도 분홍 털 실내화를 꺼내었어요.

보혜 짝의 실내화에는 발등 부분에 커다란 곰 인형이

붙어 있었어요. 곰 인형은 울상이었어요.

보혜가 불쑥 할머니처럼 말했어요.

"이야, 그거 뭐꼬(무엇이냐)?"

그러자 둘레의 아이들이 보혜를 보고 큰 소리로 웃었어요.

"하하하!"

보혜의 얼굴이 붉어졌어요. 보혜는 어쩔 줄 몰라 고개를 푹 숙였어요.

'이상하다, 할머니 마을 경로당에서는 예사로 쓰시는 말인데 아이들은 왜 웃는 거지? 참, 별난 아이들이네.'

보혜는 문득 할머니를 떠올렸어요.

수업이 시작되고 선생님께서 말씀하셨어요.

"자, 이번에는 서보혜 차례입니다. 자, 일어나서 이름과 사는 곳을 말해 보세요."

선생님이 또박또박 말했지만 보혜는 일어나지 못하였어요.

'또 아이들이 웃으면 어떻게 하지?'

보혜는 떨려서 얼굴만 붉히고 있었어요.

어머니가 보혜를 바라보며 빨리 일어나라는 듯 눈치를

주었어요. 그럴수록 보혜는 더욱 일어나지 못하였어요.

'이상하다. 집에서는 잘 되었는데 왜 여럿 앞에서는 말이 제대로 나오지 않을까?'

보혜는 답답했어요.

어머니도 발을 동동 굴렀어요.

"자, 그럼 보혜는 내일 발표하기로 하고 오늘은 여기에서 마칩니다. 오늘 발표하지 못한 사람은 내일 발표할 테니 준비해 오세요."

"네에!"

아이들이 큰소리로 대답하였어요.

그런데 보혜는 여전히 우물쭈물하였어요.

어머니는 돌아오면서 연신 가슴을 쳤어요.

보혜는 주먹을 꼭 쥐었어요.

'내일은 꼭 잘하고 말 거야.'

보혜는 집으로 돌아오자 곧 소리 내어 연습하였어요.

"제 이름은 서보혜입니다. 아, 아!"

이때, 어머니가 마실 것을 내오셨어요.

"우리 보혜, 겁만 내지 않으면 돼. 그리고 말할 순서를 잘 생각해야 해. 처음에는 이름을 말하고, 차례로 사는 곳, 식구들 하는 일, 좋아하는 일 등을 손가락 꼽아 가며 말하는 거야."

어머니는 보혜의 어깨를 두드려 주셨어요.

"그래! 나는 잘할 수 있어. 순서를 정해 말하는 거야."

"아이고! 우리 보혜 정말 잘 생각했다. 그리고 또 한 가지, 모두 다 알아들을 수 있도록 큰 소리로 말해야 한단다."

"네에."

보혜는 기분이 좋아졌어요.

셋째 날이 밝았어요. 물날(수요일)이 되었어요.

"자, 오늘은 보혜부터 발표를 해 봅시다."

보혜는 벌떡 일어나 연습한대로 말하였어요.

"저는 서보혜입니다. 우리 집은 두 군데 있습니다. 학교 근처 마을에는 우리가 사는 집이 있고, 멀리 떨어진 할머니집도 우리 집입니다. 음음……."

그런데 보혜는 그만 말이 막히고 말았어요.

아이들이 보혜를 쳐다보았어요.

'우우, 아이들의 눈이 소 눈알보다 더 크게 보이네.'

보혜는 얼굴이 붉어져서 어쩔 줄 몰랐어요.

"자, 식구들 소개."

선생님이 다가와 살그머니 말씀하셨어요.

'참, 그렇지!'

"네에, 저는 할머니 집에서 살다가 올라왔습니다. 우리 식구들은 할머니와 아버지 그리고 어머니와 저, 멍멍이 등 모두 다섯입니다. 아버지는 회사에 나가시고, 어머니는 집안일을 하십니다. 저는 할머니 이야기 듣기를 매우 좋아합니다. 앞으로 여러분과 사이좋게 지내고 싶

습니다. 감사합니다."

목소리를 좀 더 높여서 이름과 사는 곳, 식구들 소개
와 좋아하는 것을 차례로 말하였어요.

"우와! 아주 잘했어요. 다같이 박수!"

선생님이 먼저 손뼉을 치셨어요.

"와아, 와아!"

박수 소리에 온 교실이 떠나갈 듯하였어요.

선생님이 다시 말씀하셨어요.

"우리 보혜는 할머니로부터 이야기 듣기를 매우 좋아
한다고 하였는데, 어떤 이야기를 들었는지 한번 이야기
해 줄래요? 이번에는 이 앞에 나와서……."

"와아!"

선생님 말씀이 끝나기도 전에 다시 아이들이 손뼉을
쳤어요.

보혜는 머뭇거렸어요.

"자, 앞으로 나오세요."

선생님이 손짓을 하셨어요.

보혜는 무슨 이야기를 할까 생각하며 천천히 앞으로 나갔어요. 할 이야기가 얼른 떠오르지 않았기 때문이었어요.

'도토리'의 처음 이름은 '톨'

보혜는 마음을 가다듬었어요.

"으흠, 으흠!"

헛기침도 하였어요.

"저어, '도토리 이야기'를 하겠습니다. '도토리'의 처음 이름은 '톨'이었다고 하는구나."

보혜는 자기도 몰래 또 할머니 흉내를 내고 말았어요.

"하하하! 할머니 같아!"

아이들이 웃음보를 터뜨렸어요.

"처음 이름은 '톨'이었다고 합니다."

선생님이 고쳐 주셨어요.

"네에, '도토리'는 처음에 '한 톨, 두 톨'처럼 그냥 '톨'이었다고 합니다. 그런데 그 '톨'이 지금은 '도토리', '상수리' 등으로 불리게 되었다고 합니다.

옛날에 한 임금님이 있었습니다. 이 임금님은 매일 먹고 놀기만 하였습니다.

그래서 북쪽 오랑캐들이 '이때다!' 하고 쳐들어왔습니다.

준비가 없었던 임금은 제대로 싸워 보지도 못하고 산 속으로 쫓겨 갔습니다.

백성들은 이런 임금을 좋아하지 않았습니다.

　이윽고 겨울이 다가오자 먹을
것이 거의 바닥나고 말았습니다.

　배가 고파진 임금과 신하들은 산을 샅샅이 뒤졌습니
다. 그러나 찾아낸 것은 '톨' 밖에 없었습니다. 하는 수
없이 임금은 톨을 물에 담가 떫은맛을 우려낸 뒤 삶아
먹기도 하고, 또 묵을 만들어 먹기도 하였습니다.

그래서 임금이 말했습니다.

'이 음식이 지금으로서는 가장 귀한 음식이니 '수라'라고 하되, 수라 중에서도 으뜸이니 '상수라'라고 부르도록 하라.'

이 소문은 곧 널리 퍼졌습니다.

'뭐라고? 그렇게 떫은 '톨'을 '상수라'라고까지 부른다고?'

'그러게 말이야. 이제야 우리 임금이 정신을 차리신 모양이야.'

그래서 백성들은 임금을 도와주기로 했어요. 모두 호미와 괭이를 들고 일어나 오랑캐들을 마구 쫓아내었습니다.

임금은 다시 궁궐로 돌아오게 되었습니다.

'이제 다시는 잘못을 저지르지 않을 거야.'

임금은 좋은 옷과 음식을 멀리한 채 부지런히 일을 하

였습니다. 나라는 점점 튼튼해져 갔습니다.

그러자 임금에게 좋은 말만 하는 한 신하가 나서서 말했습니다.

'임금님, 이제 이만하면 됐습니다. 이제는 좋은 옷도 입으시고, 좋은 음식도 좀 드십시오. 임금님이 건강하셔야 나라도 튼튼해지는 법이 아니겠습니까?'

이 말을 들은 임금은 그만 옛날 일을 잊어버리고 슬그머니 다시 잔치를 벌이기 시작하였습니다.

'이러시면 안 됩니다. 아직은 할 일이 많습니다.'

산속에서 끝까지 임금을 모신 늙은 신하가 나서서 말렸지만 임금은 도무지 듣지 않았습니다. 그러자 이 신하는 임금에게 '톨'을 바치며 말했습니다.

'임금님, 이 '톨'을 한번 맛보십시오. 우리가 피난 길에 '상수라'라고까지 부르며 귀하게 여기던 것이옵니다.'

그러자 임금은 짜증을 내었습니다.

'에이!'

똘을 보자 입에 떫은맛이 감도는지 한참 망설이다가

겨우 맛을 보고는 외쳤습니다.

'아이쿠, 떫어! 이걸 어떻게 '상수라'라고 할 수 있겠소. 도로 '톨'이라고 하시오.'

그렇게 하여 '톨'은 '도로 톨이'가 되어 '도토리'가 되고, '상수라'는 '상수리'로 변하였다고 합니다."

보혜가 이야기를 마쳤어요.

한 남자아이가 벌떡 일어나 외쳤어요.

"서보혜, 서보혜!"

그러자 다른 아이들도 따라 외쳤어요.

"서보혜, 서보혜!"

"아이고, 부끄럼쟁이 우리 보혜가 할머니로부터 이야기를 많이 듣더니 이제는 이야기 박사가 다 되었네."

어머니가 보혜를 안아 주셨어요.

보혜는 하늘을 날아갈 것만 같았어요.

왜 봄 여름
가을 겨울일까

한 달이 지나 더욱 따뜻한 봄이 되었어요.

"내일은 공원에 가서 현장 체험 학습을 하겠어요. 모두 도시락을 싸 오세요."

선생님이 칠판에 크게 '도시락'이라고 썼어요.

"도시락이 뭐지?"

어떤 아이가 말했어요.

"야, 김밥 말이야, 김밥!"

그러자 어떤 아이가 큰 소리로 외쳤어요.

"아하! 소풍 가는구나! 소풍!"

아이들은 즐거워서 어쩔 줄 몰라 하였어요.

다음 날, 보혜네 반 아이들은 노래를 부르며 공원으로
갔어요.

저절로 노래가 나왔어요.

"자, 지금은 봄이지요. 왜 사람들은 지금을 '봄'이라
고 했을까요?"

"봄이니까 봄이지요."

"그냥요."

아이들이 마구 웃으면서 대답하였어요.

그러자 선생님이 눈을 크게 뜨는 시늉을 하며 말했어요.

"봄에는 겨울보다 볼 것이 많지요. 겨울에는 흰
눈에 덮여 제대로 보이지 않는데 봄에는 새싹도 돋아나
고 나비도 나오고 얼마나 볼 것이 많아요?"

"그럼, 볼 것이 많아서 '봄'이라고요?"

"그럴 수도 있지."

아이들이 점점 선생님 이야기에 귀를 기울이기 시작

하였어요. 보혜도 발밑에 있는 민들레를 들여다보다 말
고 선생님을 바라보았어요.

언젠가 할머니로부터 봄, 여름, 가을, 겨울에 대한 이
야기를 들은 것 같았기 때문이었어요.

"자, 여름은?"

"여름방학을 하니까요!"

"더우니까요."

아이들은 또 온갖 소리를 외쳤어요.

보혜가 손을 번쩍 들었어요.

"어디, 보혜가 말해 보세요."

"네, 할머니가 말했는데 꽃이 지고 열매가 열린다고 해서……."

보혜는 할머니 이야기를 떠올리며 대답하였어요.

선생님이 보혜의 말을 고쳐 주셨어요.

"자, '할머니가 말했는데'가 아니고 '할머니께서 말씀하셨는데'라고 해야지요. 그리고 끝까지 말해 보세요."

보혜는 얼굴이 화끈거려서 그만 자리에 앉고 말았어요.

그래도 선생님이 칭찬해 주셨어요.

"그렇군요. 열매가 열린다고 해서 '여름'이 되었군요. 그럴 수도 있겠어요. 그럼 '가을'은?"

이번에는 아이들이 대답 대신 모두 보혜를 바라보았

어요.

보혜가 다시 일어났어요.

"네, 가을에는 곡식을 거두어 갈무리합니다. 우리 할머니는 추수하는 것을 '갈(가을)한다'고 하십니다. '갈한다'에서 '가을'이 되었다고 하셨습니다."

"그럼 겨울은?"

이번에는 아이들이 큰소리로 물었어요.

보혜가 대답하였어요.

"겨울은 추우니까 움집에 들어가 있다고 '거움'이라고 했는데 나중에 '겨울'이 되었다고 합니다. 그러다가 따뜻한 봄이 되면 나와서 먹을 것이 있나 살펴보고……."

"아이고, 우리 보혜가 참 대단하구나! 그러니까 '거움'이 '겨움'이 되고 마침내 '겨울'이 되었구나. 아이고, 우리 보혜 아주 잘 발표했어요. 와, 박수!"

선생님이 손뼉을 치셨어요.

아이들도 모두 손뼉을 쳤어요.

"자, 봄에는 꽃이 많이 피지요. 여기 보세요. 여기 이
꽃은 무슨 꽃일까요?"

"노랑 꽃이요."

"민들레요, 민들레!"

아이들은 자신 있다는 듯 마구 외쳤어요.

"다른 이름은 없을까요? 새로 이름을 지어 볼까요?"

"동그라미 꽃이요."

"낙하산 꽃입니다. 나중에 씨앗이 날아가잖아요."

"그렇구나. 모두가 잘 대답했어요."

그때였어요.

"노랑왕단추꽃이 좋을 것 같아요."

보혜가 일어나서 말했어요.

"와, 보혜가 아주 새로운 생각을 했구나. 그래, 우리가 부르고 있는 이름을 다르게 생각해 보는 것도 아주 좋은 공부가 됩니다. 앞으로는 이 민들레를 '노랑왕단추

꽃'으로 부르는 것도 좋겠어요."

"네에!"

아이들이 큰 소리로 대답하였어요.

"자, 지금부터는 즐거운 점심시간입니다."

아이들은 둘러앉아 점심을 먹었어요.

즐겁게 노래도 불렀어요.

점심을 먹은 뒤에는 보물찾기도 하였어요.

숨바꼭질도 하였어요.

즐거운 현장 학습이 끝나고 얼마 되지 않았을 때였
어요.

보혜네 반으로 어떤 아이가 전학을 왔어요.

이름은 정영민이었어요.

영민이는 여러 사람 잎에서는 고개를 제대로 들지 못
하였어요.

얼마 되지 않아 영민이는 '헛기침' 이라고 불리게 되었어요.

말이 제대로 나오지 않을 때마다 얼굴이 붉어지면서 헛기침을 하기 때문이었어요.

"자, 영민이는 보혜 옆에 앉는 것이 좋겠어요."

며칠 뒤 선생님이 자리를 바꾸어 주었어요.

'나도 얼굴이 자주 붉어지는데…….'

보혜는 금방 입학했을 때를 떠올려 보았어요.

집에 갈 때 보혜가 물어보았어요.

"영민아, 너 집에서도 헛기침 많이 하니?"

"으으……. 몰라!"

영민이는 머뭇거리다가 겨우 대답하였어요.

"우리 집은 이쪽이야. 너의 집은 어느 쪽이니?"

"여기!"

영민이는 턱으로 골목을 가리켰어요.

"그 골목에는 집이 많잖아."

"세 번째."

"세 번째 집? 알았어. 나중에 놀러가도 돼? 아니면 네가 우리 집에 오든지……."

"으으!"

영민이는 제대로 대답하지 않고 달려가 버렸어요.

'너도 나처럼 부끄럼이 많구나.'

보혜는 영민이의 뒷모습을 바라보며 손을 흔들었
어요.

그날 저녁때, 영민이 어머니가 영민이와 함께 보혜네 집으로 찾아왔어요.

"우리 영민이가 보혜 짝이 되었다고 아주 좋아해요."

"아이고, 참 다행입니다."

"우리 영민이는 부끄럼이 많아서 학교에서는 제대로 말을 못 하나 봐요. 그런데 집에서는 그렇지 않아요. 저한테는 곧잘 말을 해요."

"우리 보혜도 처음에는 부끄럼을 많이 탔어요. 이름이 불려도 제대로 대답도 못 하였을 정도였어요."

"아니, 우리 영민이 말로는 보혜가 발표를 아주 잘한다고 하던데요."

"글쎄요. 지금은 많이 나아졌나 봐요."

"그래서 제가 보혜네 집을 찾아왔어요. 우리 영민이가 부끄럼을 덜 타도록 많이 도와주세요."

"보혜에게 사이좋게 지내도록 이야기할게요."

"아이고, 고맙습니다."

영민이와 영민이 어머니는 집으로 돌아갔어요.

부끄러움을 이겨내면

장미꽃이 피는 오월도 지나가고 땀이 나기 시작하는 유월이 되었어요.

군대에 갔던 영민이 삼촌이 휴가를 나왔어요.

"아이고, 우리 조카가 드디어 초등학생이 되었구나."

삼촌은 영민이를 번쩍 들어 올렸어요.

"아, 아!"

영민이는 떨어질까 봐 겁이 났어요.

삼촌은 영민이를 내려놓으며 말했어요.

"자, 인사해야지."

"삼촌, 어서 와."

영민이가 머뭇거리며 인사하였어요.

"아니지. '삼촌, 어서 오십시오.' 라고 해야지."

"네에. 삼촌. 어서 오십시오. 충성!"

영민이는 군대식으로 손을 올려 경례를 하였어요.

"하하하. 우리 조카가 금방 배우네."

"그런데 학교에서는 부끄럼을 얼마나 많이 타는지!"

영민이 어머니가 곁에서 걱정을 하셨어요.

"걱정하지 마십시오, 형수님. 곧 괜찮아질 것입니다."

다음 날 첫 시간을 마치고 쉬는 시간이 되었을 때였어요.

용수가 영민이를 보고 엉뚱하게 불렀어요.

"어이, 벙어리 헛기침!"

용수는 반에서 몸집이 가장 뚱뚱했어요.

영민이가 주먹을 쥐었어요.

"어쭈, 어쩔 테냐?"

용수가 얼굴을 내밀었어요.

때려 보라는 시늉이었어요.

"영민아, 안 돼."

재빨리 보혜가 가로막았어요.

"영민이는 벙어리가 아니야."

"뭐야? 넌!"

용수가 보혜를 밀어낼 듯이 팔을 내밀었어요.

"말로 해야지! 이게 뭐야? 넌 못난이야!"

"뭐, 못난이!"

"그래, 우리 반에 온 지 얼마 되지 않은 애를 놀리고
그럼 되니?"

"어쭈, 그러니까 너는 영민이를 좋아한다 그 말이냐?"

"네 멋대로 마구 말하지 마."

"하하하! 너희들 웃기는구나."

"웃기는 건 너야. 친구를 돌봐줄 생각은 하지 않고 놀
려대기나 하다니!"

"아이고, 이걸 그냥!"

그때였어요.

드르륵!

문이 열리고 선생님이 들어오시자 아이들은 모두 자리에 앉았어요.

용수가 보혜에게 가만있으라는 듯 손가락을 입으로 가져갔어요.

보혜는 못 본 척하였어요.

대신 영민이에게는 걱정 말라는 듯 눈을 찡긋하였어요.

그날 오후, 집에 왔을 때였어요.

"뭐! 아이들이 우리 조카를 놀렸다고!"

영민이 삼촌이 책상을 탕 내리쳤어요.

"좋다. 우리 조카! 지금부터 훈련에 들어간다."

삼촌은 영민이와 함께 뒷산으로 올라갔어요.

"하나 둘, 하나 둘!"

이윽고 산꼭대기에 이르렀어요.

온 마을이 다 내려다 보였어요.

"자, 따라한다. 우선 '전체 차려!'"

"전체 차려!"

영민이는 따라하였어요.

"열중 쉬어!"

"열중 쉬어!"

"경례!"

"경례!"

"자, 어때, 목이 좀 트이지?"

"네에! 삼촌."

"자, 다시 따라한다. '나는 정영민, 대한민국의 씩씩
한 소년이다.'"

"나는 정영민, 대한민국의 씩씩한 소년이다."

"나는 아버지 어머니의 자랑스러운 아들이다."

"나는 아버지 어머니의 자랑스러운 아들이다."

"나는 사이좋은 친구이다."

"나는 사이좋은 친구이다."

"나는 나의 생각을 잘 말할 수 있다."

"나는 나의 생각을 잘 말할 수 있다."

"차근차근 말한다. 알맞은 목소리로 말한다."

"차근차근 말한다. 알맞은 목소리로 말한다."

"잘했어. 목이 아플 테니 조금만 쉰다."

"잘했어. 목이 아플 테니 조금만 쉰다."

"그건 안 따라해도 돼!"

"하하하!"

"하하하!"

영민이와 삼촌은 몇 번이나 마을을 내려다보며 고함을 질렀어요.

"삼촌, 이제 속이 많이 후련해졌어요."

"그래, 잘할 수 있을 것 같니?"

"네에!"

이튿날, '슬기로운 생활' 시간 때의 일이었어요.

"자, 봄에는 왜 꽃이 피는지 누가 말해 볼까요? 그래, 우리 영민이가 말해 보세요."

선생님이 영민이를 가리키셨어요.

"네, 그것은! 그것은!"

영민이는 큰 소리로 시작했지만 뒷말을 잇지 못했어요.

얼굴도 붉어졌어요.

"하하하! 여전히 '벙어리'에다 '헛기침!'"

용수가 다시 놀려댔어요.

다른 아이들도 웃음을 터뜨렸어요.

선생님이 용수와 아이들을 보고 고개를 흔드셨어요.

이때를 틈타 보혜가 영민이에게 살그머니 말했어요.

"왜, 지난번에 우리 봄 여름 가을 겨울 공부를 했잖아. 그때 여름은 열매를 맺는다고 해서……."

"아!"

영민이가 다시 일어섰어요.

"네, 꽃을 피워야 열매를 맺을 수 있습니다. 열매를 맺어야 이듬해 봄이 되면 다시 싹을 틔울 수 있습니다."

선생님이 웃음 띤 얼굴로 말씀하셨어요.

"아이고, 우리 영민이가 아주 씩씩하게 잘 말했어요. 그리고 보혜는 짝을 잘 도와주었고요. 자, 박수!"

영민이와 보혜는 선생님으로부터 칭찬을 받자 어쩔 줄 몰랐어요.

학교를 마치고 집으로 가는 길이 더욱 즐거웠어요.

전봇대 위의 비둘기들도 꾸룩꾸룩 칭찬해 주는 것 같았어요.

"잘 가."

"응, 내일 봐."

보혜와 영민이는 갈림길에서 손을 흔들었어요.

세상에서 가장 힘센 사람

이튿날, 셋째 시간 때였어요.

선생님이 말씀하셨습니다.

"자, 오늘은 '이 세상에서 가장 힘센 사람은 누구일까?' 하는 문제를 공부하겠어요. 자, 누가 대답해 볼까요?"

"네. 씨름 선수요!"

"레슬링 선수요."

"슈퍼맨이 더 세어요."

이때였어요.

영민이가 손을 번쩍
들었어요.

'아니, 영민이 저
벙어리 헛기침이!'

용수가 영민이를 바라보았어요.

다른 아이들도 영민이를 바라보았어요.

"네, 반성할 줄 아는 사람이 가장 힘이 셉니다."

"무어라고?"

선생님이 고개를 갸웃하셨어요.

"네, 성경 속에는 '삼손'이라는 힘센 사람이 나옵니다. 그런데 꼬임에 넘어가 머리카락이 모두 잘리는 바람에 힘을 잃어버리고 맙니다."

영민이는 보혜와 함께 읽은 동화책을 떠올리며 힘 있게 말했어요.

"으음?"

"그런데 삼손은 다시 힘을 되찾게 됩니다. 자신의 잘못을 반성하고 기도를 올리자 머리카락이 다시 자라났기 때문입니다."

"아, 그래서 반성하는 사람이 가장 힘이 세다고 하였군요. 야, 선생님이 보기에는 그렇게 말한 우리 영민이가 이 세상에서 가장 힘센 사람으로 보이는구나!"

선생님이 칭찬하시자 아이들은 다시 영민이를 바라보았어요.

그때였어요.

보혜가 손을 번쩍 들었어요.

"네. 저도 영민이가 아주 힘이 세다고 생각합니다. 처음에는 부끄러워했는데 지금은 그 부끄러움을 이겨내었습니다. 그리고 아이들이 놀려도 꾹 참았습니다."

"그렇군요. 보혜도 잘 말했어요. 그러고 보니 우리 반

에는 힘이 센 사람이 아주 많군요. 사실 이 세상에서 가장 힘센 사람은 바로 우리 교실 안에 있어요. 바로 여러분들입니다."

"네에?"

아이들은 서로 얼굴을 바라보았어요.

선생님이 다시 말을 이었어요.

"이 세상에서 가장 힘센 사람은 손바닥만 한 초콜릿을 반으로 쪼갤 힘만 있으면 됩니다."

"네에? 그건 나도 할 수 있는데……."

몇몇 아이들이 웅성거렸어요.

"그렇습니다. 초콜릿을 반으로 쪼개어 어머니 말씀대로 반만 먹고 반은 냉장고에 넣어둘 줄만 알면 힘센 사람이 될 수 있습니다. 어머니가 무슨 말씀을 하셨기 때문일까

요?"

"살찐다고요."

"밥맛이 없어진다고요."

아이들이 마구 외쳤어요.

"그렇습니다. 다 옳은 말입니다. 그런데 어머니는 초
콜릿을 냉장고에 넣어 두었다가 형이나 동생과 나누어
먹는 우애 있는 사람, 또 더 먹고 싶어도 참을 줄 아는
사람 등이 이 세상에서 가장 힘이 세다고 생각하십니다.
여러분은 다 그렇게 할 수 있겠지요?"

"네에!"

아이들의 대답 소리는 교실이 떠나갈 듯 크게 울려 퍼
졌어요.

보혜와 영민이는 콧노래를 부르며 집으로 돌아왔어요.

"아, 내일은 더 신 날 거야!"

보혜와 영민이는 가슴이 설렜습니다.

발표력의 바탕은 부모님과의 대화입니다

자녀와 이야기를 나눕시다

　　개정 교육과정에서 요구하는 1학년의 말하기 수준과 범위는 다음과 같습니다.

> - 일상생활에서 간단하게 자신을 소개하는 말을 할 수 있기
> - 일상생활에서 가족이나 친지, 교사들과 주고받는 간단한 인사말 나눌 수 있기
> - 일상생활에서 자신의 감정을 표현하는 간단한 대화 나눌 수 있기
> - 사건의 순서가 분명하게 나타나는 간단한 이야기 나눌 수 있기

　　이에 도달하기 위한 성취 기준과 다루어야 할 내용 요소는 다음과 같이 제시하고 있습니다. 가정에서는 이러한 기준과 내용에 따라 충분하게 지도해야 하겠습니다.

★ 여러 사람 앞에서 분명한 목소리로 자신을 소개한다

· 자신을 소개할 때 사용하는 언어 표현 알기

· 말할 내용 미리 설정하기

· 분명한 목소리로 자신 있게 말하기

★ 일상생활에서 상대와 상황에 맞게 인사를 한다

· 여러 가지 인사말 알기

· 또렷한 목소리, 공손한 말씨로 인사하기

· 인사가 관계 형성과 유지에 도움이 됨을 이해하기

★ 감정을 나타내는 말을 알맞게 사용하면서 대화한다

· 감정을 나타내는 어휘 알기

· 상황별로 감정을 나타내는 말 고르기

· 감정을 나타내는 말을 상황에 알맞게 표현하기

★ 일이 일어난 차례에 따라 이야기를 정리하여 말한다

· 일이 일어난 차례를 나타내는 표현 알기

· 이야기의 내용을 일이 일어난 차례대로 정리하기

· 이야기의 내용을 실감 있게 말하기

이러한 성취 기준이 충족되어야 보다 심화된 2학년 수준에 쉽게 도달할 수 있고, 학습 결손이 누적되지 않습니다.

발표력은 모든 학습의 기본적인 수단입니다. 1학년 때부터 스몰 스텝 (small step)으로 접근하여 무력감(無力感)이 쌓이지 않게 해야 합니다. 발표력 부족은 학습뿐만 아니라 성격 형성과 대인 관계에도 좋지 않은 영향을 주는 만큼 자연스럽고 활기차게 발표할 수 있도록 도와주어야 합니다.

발표력을 높이기 위한 유용한 수단으로 이야기가 중시되고 있습니다. 이야기는 정보도 전달하면서 상대방에게 자신의 생각과 느낌을 실을 수 있기 때문입니다.

말하기와 가장 관계 깊은 이야기의 중요성을 생각해 봅시다.

첫째, 이야기는 가장 오래된 교육 수단입니다. 지금도 그렇지만 오랜 옛날에는 모든 교육이 이야기를 통해서 이루어졌습니다. 사냥을 나가기 전에 동굴 속에서 여러 가지 이야기를 나누게 됩니다. 어디에 가면 어떤 동물이 있는데 어떻게 사냥해야 한다는 단순 정보 전달에서부터, 자기희생을 마다 않고 부족 전체를 위해 용감하게 싸운 지도자에 대한 이야기가 오고 갑니다. 이러한 이야기를 통해 지식과 지혜는 물론 바르게 살아가는 태도를 배우게 됩니다.

둘째, 이야기는 정서를 순화시켜 줍니다. 이야기를 들으면 마음이 후련해집니다. 오해가 풀립니다. 타인과의 정서 교류는 물론 자기 자신을 더욱 아름답게 가다듬고 가꾸는 계기가 됩니다. 이야기를 통해 자신이 가져야 할 바른 삶의 태도를 배우게 되기 때문입니다.

셋째, 의사를 소통시켜 줍니다. 이야기는 상대방의 의도를 정확히 파악하게 하고 전달하는 힘을 길러 줍니다.

넷째, 이야기는 모든 예술의 바탕이 됩니다. 예술은 우리 모두가 진정으로 추구해야 할 가장 높은 가치 중의 하나입니다. 이야기와 멜로디가 만나면 음악이 되고, 이야기에 면과 색을 입히면 미술이 됩니다. 문학은 그 자체가 바로 이야기입니다. 이 세상 모든 예술 작품에는 한결같이 이야기가 들어 있습니다. 바로 이야기에서 모티브를 얻어 탄생되었기 때문입니다.

따라서 먼저 좋은 이야기를 많이 익혀야 합니다.

이야기를 익히는 데에는 어떠한 방법이 있을까요?

독서가 가장 보편적인 방법입니다. 책에는 이 세상 모든 이야기가 다 들어 있으니까요.

다음에는 직접 이야기를 들려주는 방법입니다. 모든 것을 순수하게 받아들이는 어릴 때일수록 이야기가 중요합니다. 어릴 때에는 부모로부터 이야기를 듣고 무한한 상상의 세계를 여행하게 됩니다. 꿈을 가지게 되고 그 꿈을 바탕으로 점점 인식의 폭을 넓혀 가게 됩니다.

따라서 부모가 이야기를 들려주거나 책을 많이 읽어 주는 것은 바로 자녀들이 바르게 살아가는 인간 교육의 방법으로 가장 적절한 방법입니다.

이번에는 이야기 활동 즉, 말하기의 태도면을 살펴봅시다.

말하기 태도의 기본은 자신감입니다. 항상 긍정적인 자세를 가지고 적극적으로 임하게 해야 합니다.

'너는 무엇이나 할 수 있다. 더 잘할 수 있다. 더 바르게 할 수 있다. 너는 존귀한 존재이다' 라는 자기효능감과 자기신뢰감을 길러 주어야 합니다. 이것은 하루아침에 이루어지지 않습니다. 말로만 이루어지는 것도 물론 아닙니다.

생활 전반에 고르게 녹아 있어야 가능한 일입니다. 허용적인 분위기 속에서 먼저 부모의 모범이 있어야 하고 어린이에게는 체험의 기회를 주어야 합니다. 진실로 감동할 수 있는 기회를 얻게 해야 합니다.

다음은 분명한 목소리입니다. 말씨가 분명해야 전달할 내용을 놓치지 않게 됩니다. 자녀들이 분명한 목소리를 내도록 몇 번이고 반복해서 지도해야 합니다.

끝으로, 말할 순서를 세워야 합니다. 어떤 내용을 먼저 말해야 보다 효율적인 의사 전달이 될 수 있는지를 생각하고 전략을 세우게 해야 합니다.

이 모든 문제의 열쇠는 부모가 쥐고 있습니다. 초등학교 1학년에 들어오기 전에 이미 인격의 밑바탕이 대부분 형성되어 들어옵니다. 부디 가정에서 많은 이야기를 들려주시기 바랍니다. 그리고 자녀로 하여금 들은 이야기에 대한 자신의 생각이나 느낌을 조리 있게 말하도록 연습을 시킵시다. 연습은 강요가 아닌 자연스러운 대화여야 합니다.

집에서 부모님으로부터 많은 이야기를 들으며 자란 어린이들은 발표를 잘합니다. 말을 할 때에는 단서(端緒, cues)가 필요한데, 단서의 대부분은 이미 들은 이야기나 경험한 내용을 재구성해서 표출하기 때문입니다. 그러므로 어린이들에게는 그림책, 연극, 여행, 이야기 등 풍부한 직·간접 경험이 필요한 것입니다. 어릴 때부터 발표를 잘하면 나중에 자라서도 정확한 관찰력으로 올바른 판단력을 가지게 되는 만큼 부끄러움을 이겨내고 자신이 말할 바를 체계 있게 표현하는 연습을 시켜야만 합니다.

많은 독서 기회를 부여하고 느낌과 생각을 조리 있게 표현하는 힘을 길러주는 일이야말로 발표력을 기르는 첩경이자 반드시 걸어야 하는 외길입니다.

이번에는 말하기를 잘할 수 있도록 도와주는 놀이를 살펴보겠습니다. 여기에서 '놀이'라는 말은 '훈련'으로 바꿀 수도 있습니다.

1. 같은 글자로 시작되는 말놀이

같은 두음자(頭音字)가 붙는 말을 모아서 발표시키거나, 이야기를 만들어서 어휘를 익히게 하고 또한 정확한 발음을 하도록 하는 것입니다.

예를 들면 '학교 – 학생 – 학년 – 학반' 등으로 계속 이어가게 하는 것입니다.

2. 중간에 같은 말 나오게 하기

가운데 소리가 같아야 하므로 반드시 3음절이어야 한다는 것을 이해시켜야 합니다. 2음절 놀이보다는 좀 어려울 수 있습니다.

예를 들면 '나' 소리가 가운데에 나는 말놀이의 경우 '미나리 – 소나무 – 흰나비 – 산나물 – 당나귀 – 개나리' 등으로 이어가게 하는 것입니다.

3. 끝말이 같은 말 찾기 놀이

사물의 성질·상태를 표현하는 기본적인 어휘의 특징과 쓰임을 알게 하는 데 유용합니다. 그림 카드나 낱말 카드로 힌트를 주는 것이 좋습니다.

예를 들면 '기'로 끝나는 말로는 '이야기 – 태극기 – 비둘기 – 줄다리기 – 달리기 – 비행기' 등이 있습니다.

4. 의성어·의태어 말놀이

주변에 있는 사물이 가지고 있는 소리나 성질을 파악시켜 그 사물의 속성을 인지시키는 활동입니다. 이를 통해 낱말이 어떻게 구성되는가를 이해하게 됩니다. 의성어(소리흉내말)와 의태어(모양흉내말)를 찾아내기 쉬운 동물, 기계, 악기 그림을 준비하여 보이면서 소리나 모양을 찾게 합니다.

참새는 (짹짹짹짹)

매미는 (맴맴맴맴)

까치는 (깍깍깍깍)

공은 (데굴데굴)

오리는 (뒤뚱뒤뚱)

거북이는 (엉금엉금)

5. 중복음 말놀이

같은 말을 거듭 써서 하나의 '말'을 만드는 놀이입니다. 예를 들면 다음
과 같은 문장을 연습하고 다른 말을 만들어 보게 하는 것입니다.

동동동 동대문, 동대문을 만들자.

남남남 남대문, 남대문을 만들자.

서로서로 세우자, 높이높이 세우자.

동동동 동대문, 동대문을 열어라.

남남남 남대문, 남대문을 열어라.

차례차례 나가자, 사이좋게 나가자.

6. 앞말로 다음 이야기 잇기

"원숭이 엉덩이는 빨개, 빨가면 사과, 사과는 맛있어, 맛있으면 바나나,
바나나는 길어, 길면 기차, 기차는 빨라, 빠르면 비행기, 비행기는 높아, 높

으면 백두산."

이 말놀이는 앞말의 속성이나 상태를 중심으로 말을 이어가기 때문에, 아동들에게 사물의 속성과 상태를 파악시키는 데 도움이 됩니다. 또한 새로운 상황을 만들어 나가야 하므로 언어적 순발력도 길러집니다.

7. 끝말잇기 말놀이

같은 말이 되풀이되지 않도록 하고, 발음을 정확하게 하도록 지도해야 합니다. 두 음절로만 이어가게 하거나 세 음절만으로 이어가게 하는 조건을 주는 것도 어휘력 향상에 도움이 됩니다. 또는 동물·꽃·새 등으로 제한하면 더욱 흥미를 높일 수 있습니다.

2음절 : 나비 – 비단 – 단오 – 오전 – 전기 – 기차
3음절 : 비둘기 – 기관차 – 차사발 – 발가락

8. 반대어 말놀이

어떤 말을 내세우고 반대의 뜻을 가진 말을 찾게 하는 놀이입니다. 그런데 이 경우, 으레 '않는다(아니다)'만 붙여서 대답하는 경우가 있고, 또한 한 음절만을 거꾸로 바꾸어 대답하는 경우도 있습니다. 그러므로 그 의미를 구체적으로 이해시켜서 반대어를 중심으로 하나의 문장(반대문장)을 만들 수 있도록 지도하는 것이 더욱 효과적이라 하겠습니다.

찬성 – 반대

여름 – 겨울

9. 동음이의어 말놀이

발음은 같더라도 그 뜻은 다른 말을 찾게 하는 놀이입니다. 말에는 장음(長音)과 단음(短音)이 있다는 것을 인식시켜야 합니다. 이를 위해서는 낱말 중심으로 지도할 것이 아니라 문장 중심으로 지도해야 효과적입니다.

말 탄 아저씨 두 분이 말을 하며 지나갑니다.

"내 말은 참 좋은 말이야."

"내 말은 말도 참 잘 들어."

아저씨들은 말에게 물을 먹였습니다.

10. 음절수 세기 말놀이

음절수(音節數)에 맞추어 손뼉을 치게 하는 놀이로서 말이 몇 개의 음절로 이루어져 있는가를 이해시키는 놀이입니다. 이러한 놀이를 통해 낱말의 구조를 더욱 정확히 알게 되고 활용도를 높일 수 있게 됩니다.

11. 동작어 말놀이

일상생활에서 동작이나 상태를 나타내는 기본적인 어휘를 손·발·입의 활동과 연결시켜 학습시키는 놀이입니다. 예를 들면 '손' 하면 '던지다, 쓰다, 때리다, 만지다’ 등과 같이 손이 하는 일과 관련된 말을 가능하면 많이 찾게 하는 것입니다.

손 : 잡다, 만지다, 던지다, 쓰다, 때리다, 가리키다…….

발 : 걷다, 뛰다, 달리다, 차다, 절다, 밟다…….

입 : 말하다, 먹다, 웃다, 부르다, 노래하다, 꾸짖다…….

12. 동류 모으기 말놀이

여러 가지 물건을 하나씩 모아서 한 무리를 만들게 하여 동류(同類)의 개념을 알게 하는 놀이입니다.

새 : 참새, 비둘기, 닭, 까치…….

곤충 : 나비, 꿀벌, 모기, 파리…….

가축 : 개, 돼지, 소, 염소, 토끼…….

맹수 : 사자, 호랑이, 여우, 곰, 늑대…….

꽃 : 개나리, 진달래, 장미, 나팔꽃, 국화…….

13. 친한 것끼리 찾기 말놀이

‘동류 모으기 말놀이’에서 한 걸음 더 나아가 사물의 성격과 기능을 더 깊이 찾게 하는 말놀이입니다.

예를 들면 ‘모자’와 ‘머리(頭)’, ‘장갑’과 ‘손’, ‘양말’과 ‘발’ 등입니다.

이어서 '양말 – 신다', '장갑 – 끼다', '모자 – 쓰다' 등으로 발전시키는 것입니다.

14. 말 되풀이 놀이

말을 주의하여 듣고 틀린 문구를 정정하여 다시 말하는 놀이입니다. 예를 들면 들려주는 말을 듣고 옳으면 오른손을, 틀리면 왼손을 들게 합니다. 그리고 틀린 말은 바르게 고쳐 보게 하는 놀이입니다.

"개나리꽃은 겨울에 핍니다."
"국화꽃은 여름에 핍니다."
"나뭇잎은 언제나 푸릅니다."
"구름이 보이면 반드시 비가 옵니다."

15. 스무고개 놀이

사물의 구성 요소를 이해하여 그것을 알아맞히는 놀이로서, 추리력과 사고력을 높여줄 수 있습니다. 아동들의 수준에 맞는 문제를 내고 필요하면 그림이나 언어로 힌트를 주어 중간에 흥미를 잃지 않게 이끌어야 합니다.

자녀와의 사랑어린 대화가 우리 자녀들의 활기찬 언어생활은 물론 학교 적응 문제를 도와주는 원동력이 될 것입니다.

발표력 **91**

제대로 된 인성 교육은
삶의 가치를 바꾸어 놓습니다

바른 인성을 가진 아이가 밝은 미래를 이끌어 갑니다.
스스로 정의롭고 아름다운 인생을 가꿀 수 있는 방법을 가르쳐 주세요.

★한국문화예술위원회 선정 우수문학도서★
★어린이문화진흥회 선정 좋은 어린이 책★
★한우리 선정 굿북★

① 세상에서 제일 잘난 나(자신감)
② 꼴찌여도 괜찮아(끈기)
③ 먼저 손을 내밀어 봐(화해)
④ 달라진 내가 좋아(좋은 습관)
⑤ 너 때문에 행복해(배려)
⑥ 우리 반 암행어사(리더십)
⑦ 그래, 결심했어!(절제)
⑧ 강아지로 변한 날(고운 말)

각권 80쪽 내외 | 각권 8,000원

일주일 만에 끝내는 교과서 시리즈

공부를 잘하려면 어떻게 해야 하지?

1학년

2학년

동화로 배우는 신나는 교과서!

1. 일주일 만에 끝낸다!

월, 화, 수, 목, 금, 토, 일. 일주일 만에 학습의 핵심을 잡을 수 있습니다. 현행 교육 과정에 기초한 초등학교 교과 내용과 초등학생에게 꼭 필요한 교양 기초 상식 학습을 일주일 만에 끝낼 수 있도록 정리해 주었습니다.

2. 함정에서 탈출시킨다!

어린이들이 학교 수업에서 자주 빠지는 함정이 있습니다. 잘못 알고 있는 개념이 오답을 부르고, 이것이 공부에 자신감을 잃게 만듭니다. 시험에 속기 쉬운 오개념을 확실하게 잡아 주어 더 이상 함정에 빠지지 않도록 해 줍니다.

3. 입체적인 학습 효과!

[학습 만화 + 동화 + 문제]를 통해 재미없고 지루할 수 있는 학습을 재미있게 구현했습니다. 각 장의 도입 부분은 만화로 꾸며지고, 그 뒤에 재미있는 동화 한 편, 그리고 다시 복습할 수 있는 문제를 덧붙였습니다.

로운어린이교육연구회 기획 · 글 | 각권 11,000원